Jorge Mañach y Robato

La crisis de la alta cultura en Cuba

Barcelona 2024
Linkgua-ediciones.com

Créditos

Título original: La crisis de la alta cultura en Cuba.

© 2024, Red ediciones S.L.

e-mail: info@linkgua.com

Diseño cubierta: Michel Mallard

ISBN rústica: 978-84-9816-871-6.
ISBN ebook: 978-84-9897-501-7.

Sumario

Brevísima presentación

La vida

Jorge Mañach (Sagua la Grande, 1898-San Juan de Puerto Rico, 25 de junio de 1961). Cuba.

Escritor, periodista, ensayista y filósofo, autor de una biografía de José Martí y de numerosos ensayos filosóficos.

Se graduó de Filosofia y Letras por la Universidad de Harvard (1920) en la que trabajó, amplió sus estudios en París (Universidad de Droit, 1922) y regresó a La Habana en 1924, terminando allí sus doctorados en Derecho Civil y en Filosofía y Letras.

Colaboró con la revolución de 1933 y en la resistencia contra Batista. Vivió en Cuba en 1959, y en 1960 se fue a vivir a Puerto Rico, inconforme con los postulados de la Revolución de Fidel Castro.

La crisis de la alta cultura en Cuba[1]

Al lector

La Sociedad Económica de Amigos del País, en la primera sesión académica de este su nuevo período de reorganización, brindó la tribuna a un joven compatriota de valimiento bien afirmado en las letras y en las artes, de juicio sutil iluminado por una ideación hermosa y sanamente aristocrática.

Jorge Mañach nos habló y el deleite con que hubimos de escucharle no fue menor que la meditación que hubo de producir.

La Sociedad Económica de Amigos del País ha tomado el acuerdo de testimoniar al doctor Jorge Mañach su gratitud por la disertación con que hubo de regalarla y sus plácemes por el vigoroso análisis de la crisis de la alta cultura en Cuba. Y aun ha querido publicar la conferencia en la *Revista Bimestre Cubana* y en edición especial para obsequiar con ella al autor.

La centenaria corporación cree continuar sus tradiciones en pro del mejoramiento de la civilización criolla, estudiando los problemas vernáculos con objetividad y desnuda fe. Y es orgullo de quienes somos guardianes modestos de este sagrario de la cultura nacional saber cómo en la juventud llamea el mismo fuego que antaño ardiera en esta ara y cómo el culto al heroico patriciado cubano que nos legó la idea nacional, podrá un día ser trasmitido a quienes avivarán las glorias de Cuba en su propia gloria.

Jorge Mañach, cuya cerebración proteica es ya un definitivo valor en el acervo mental cubano, querrá recibir de los «amigos del país», y no tan solo de los mantenedores del prestigioso título, esta expresión de admirativa estima y de nuestro augurio por sus triunfos personales en esa brega por el

---

1   La conferencia fue pronunciada en 1925. (N. del E.)

atesoramiento de cultura patria, que donde son tantos a deprimirla bien haya quien tanto hace por enaltecerla.

Fernando Ortiz,
Presidente de la Sociedad Económica de Amigos del País.

I

En cierta ocasión no muy lejana ni acaso del todo olvidada (tan ominosa fue, y tan llena de desmayos para la Nación) en que esta Sociedad Económica de Amigos del País lanzara a la conciencia pública un alarmado exhorto regenerador, me ocurrió aludir públicamente a ella con una parábola toda hecha de amor y de juvenil petulancia.

Era vuestra institución como una «abuelita blanca». Una de esas viejecitas arrellanadas en su butacón, frente a una ventana por donde ven pasar la vida. Apenas hablaba ya; solo de vez en cuando se le escapaba a la viejuca, del pechecillo combo como buche de ave, un hondo suspiro de tristeza ante los desmanes de los nietos... ¡Los nietos! En ellos había cifrado la señora todas sus ilusiones. Su sabiduría y su mediación ecuánime habían ayudado a reconquistar para la familia, honor primero, independencia después. Y ella, la abuelita amorosa, había dejado a su prole este legado, ungido de mimos y de esperanzas.

Luego, fue una historia vulgar de nuestro tiempo. El modernismo mediocre invadió las voluntades más jóvenes con su fiebre de oro, con su descuido de ideales, con su cinismo arribista, con su preocupación de exotismo, de bienestar material y de mando plebeyo; e iniciando en aquella casona, santificada por mil heroísmos, un lento desplome de dignidades, los nietos se hicieron prósperos a costa de todo. Latía aún, allá en lo hondo, la conciencia familiar; pero con un latido tan tenue, tan de las últimas fibras, que ya no lograba sacudir la voluntad buena de los mozos. Solo un último vástago, apenas salido de la adolescencia, se revolvía a veces, romántico y airado, contra aquella merma de ideales... Y he aquí que un buen día, cuando menos se esperaba, los labios trémulos de la anciana hicieron un gran grito de dolorida protesta; lo senil cobró de súbito lozana robustez, el bastón valetudinario se alzó en un gesto de airada disciplina. En toda la casa, que

11

los nietos gobernaban, hubo un hondo estremecimiento, como si latiera, rápida y vital, al fin, aquella conciencia que se moría. Y el último vástago, el benjamín de la nueva generación, corrió a erguir su vigor mozo junto a las canas de la «abuelita blanca».

II

Señores, desde entonces acá, la abuela y los benjamines hemos hecho las grandes migas. No es extraño, pues, que sea una voz joven, una voz que acaso no ha conquistado todavía el derecho de negar nada (pues un filósofo de hoy enseña que los jóvenes nunca tienen razón en lo que niegan, pero sí en lo que afirman), no os extrañe, termino, que sea una voz sin autoridad ni pericia la que venga esta noche a departir en el regazo de la abuela sobre un problema familiar que los padres han descuidado. ¿Con quién mejor que con esa viejecita blanca, dónde mejor que en el recinto de esta Sociedad ilustre, «la más antigua de nuestras instituciones patrióticas y culturales», podrán hallar solaz, claridad y esperanza los nuevos ahíncos espirituales de nuestra generación? ¿A qué vera mejor que a la suya podremos volcar nuestro descontento, renovar nuestras ilusiones y escudriñar con sereno rigor este fenómeno de la crisis de la cultura en Cuba, para el cual solicito hoy vuestra atención generosa?

Despojémonos, para indagar el desolado tema, de toda riesgosa exaltación, de todo premioso extremismo, de toda actitud, en fin, que no sea la del más cauteloso análisis. Harto hemos divagado, con cuitas y con endechas, en torno a estos gravámenes del ideal. Parece como si ya fuese hora de que la crítica nacional, absorta ante nuestros problemas como el bonzo sobre su ombligo, hubiera aprendido a trascender las dos posiciones elementales y extremas que hasta ahora ha tomado: el narcisismo inerte y la estéril negación propia. Pangloss nos ha llevado ya mucho de la mano; y Jeremías también. Los cubanos hemos venido figurando en una u otra de dos greyes igualmente mansas: los que opinan que «aquí ya todo está perdido» y los que proclaman a nuestra tierra como el mejor de los mundos posibles. Entre estas dos posiciones puede que acertemos a encontrar —puede que estemos encontrando ya, en esta resurrección de esperanzas políticas por que atravesamos— aquella posición que nos permita mirar a nuestros problemas con una suerte de positivismo de laboratorio: con la fría prosopopeya del investigador analítico que no se entusiasma, que no se deprime, que desconoce igualmente la oratoria de los himnos y la de los responsos, que examina las cosas como son, ateniéndose a los hechos, y que al cabo —pero solo al cabo—, enardece sobre ellos sus esperanzas.

Yo, personalmente, no podría, sin desmentir mi partida de bautismo, alzar una voz de mera queja. La juventud —por lo menos la juventud, que no ha gastado aún su lote de esfuerzo— tiene el derecho y el deber de confiar a todo trance. Pero de confiar desconfiando; de esperar sobre una base de convicciones claras y de robustos anhelos. Nuestro optimismo ha de ser el genuino, que se refiere siempre al futuro; el optimismo que se refiere al presente no es sino conformismo. En esta disposición de acuciosa objetividad, acerquémonos, pues, al problema de la crisis de la alta cultura en Cuba.

Fijáos que he dicho crisis, y que aludo solo a la alta cultura. El concepto de crisis implica la idea de cambio; esto es, supone la existencia anterior y posterior de estados de cosas diferentes; denota un momento de indecisión frente al futuro en que no se sabe si el cambio ha de ser favorable o adverso. Tanto respecto del pasado como con relación al porvenir, nuestra alta cultura se encuentra actualmente en un instante crítico. ¿Cuál es esta alta cultura a que me refiero?

No es, claro está, la educación pública. Ni forma, por lo tanto, parte capital de mi propósito el hablaros del analfabetismo y de la deficiencia de la instrucción en Cuba. A esas furnias abismales, más de una vez os ha invitado a asomaros vuestro ilustre Presidente, y solo por alusión tendré yo que referirme a aquellos problemas y a estos testimonios para insinuar cómo el analfabetismo y la insuficiencia de la educación nacional son condiciones en gran parte responsables del estado de bancarrota que atraviesa entre nosotros lo que llamamos la alta cultura; es decir, el conjunto organizado de manifestaciones superiores del entendimiento.

Pero sería error ingenuo pensar que un problema equivale al otro, o que el retraso de la cultura superior sea una mera repercusión, en un plano más elevado, del estado precarísimo de la enseñanza. Cierto, los dos hechos se tocan en su origen. Una colectividad en que se descuida el interés primario de la instrucción pública, o en que esa función no goza de todo el alcance que para ella reclama la opinión, es ya, por esas mismas limitaciones, un pueblo pobre en aquellas iniciativas individuales de superación que contribuyen principalmente a determinar, a la postre, la formación de la alta cultura. Mas no existe, por eso, una relación de causalidad entre ambos fenómenos. La instrucción, la educación, responden a necesidades elementales y de orden general. En una sociedad civilizada, todos los hombres han de tener, claro está, un grado mínimo de preparación intelectual para que puedan participar de un modo activo y consciente en la organización social. La instrucción pública es, pues, una función extensa, de índole democrática. La alta cultura, por el contrario, es una gestión intensa —un conglomerado de esfuerzos individuales, especiales y tácitamente co-orientados— que crea una suerte de aristocracia. Por la instrucción los pueblos se organizan; solo logran, empero, revelar su potencialidad espiritual mediante ese cúmulo de superiores aspiraciones y de abnegadas disciplinas que constituyen la alta cultura.

Una cultura nacional es, pues, un agregado de aportes intelectuales numerosos, orientados hacia un mismo ideal y respaldados por un estado de ánimo popular que los reconoce, aprecia y estimula. Consta, por lo mismo, de tres elementos: los esfuerzos diversos, la conciencia y orientación comunes, la opinión social. Ninguno de estos elementos —ni el principal de ellos, siquiera, que es el de los aportes individuales—, se basta por sí solo. La mera co-existencia territorial, en un país determinado, de numerosos espíritus de intelectualidad superior —hombres de ciencia, pensadores, artistas— no constituye por sí un estado de cultura nacional, como una multitud de hombres no basta a constituir una tribu o un ejército.

¿Os habéis parado a pensar por qué decimos de Francia que es un pueblo culto, negándole, en cambio, esa excelencia a los Estados Unidos, por ejemplo? ¿Será porque Francia es un pueblo más instruido? No, ciertamente. Todos sabemos que el país donde la instrucción pública ha alcanzado un grado superior de organización difusiva y de general eficacia es el norteamericano, con su admirable prurito de didactismo democrático, su espíritu de emulación y de cooperación, su independencia municipal, su muchedumbre de instituciones docentes. Y sin embargo, Francia, es, por unánime consenso de opinión, un pueblo mucho más culto. ¿Será, preguntamos otra

14

vez, porque, con referencia a la población total, esta vieja nación ha dado al mundo en un período justamente determinado para la comparación, más y mejores hombres de alta cultura que los Estados Unidos? A mi juicio, este criterio meramente cuantitativo (pues, a la postre, toda cualidad se resuelve también en cantidad...) no es el que preside nuestro discernimiento. Sería harto difícil, en efecto, probar, que en el medio siglo anterior a la guerra, por ejemplo, los Estados Unidos no han hecho a la cultura universal aportes tan numerosos y tan importantes como aquellos de que Francia blasona; pero aunque esa inferioridad fuese indubitable, repito que su consideración no me parece haber influido sobre el concepto comparativo que nos hemos formado al estimar la cultura de ambos pueblos. No: lo que da y ha dado siempre a Francia su prestigio tradicional de pueblo culto es, con la cantidad de hombres excelsos que produce, la evidencia de que entre esos hombres existe una suerte de unión sagrada, una fe y un orgullo comunes, una coincidencia de actitudes hacia la tradición del pasado y hacia los destinos del futuro; y además, en todo el pueblo francés, en el campesino o en el obrero más humildes, un aprecio casi supersticioso de las virtudes intelectuales de la nación. La cultura francesa, más que un concepto bibliográfico, es un concepto sociológico: el tono espiritual de todo un pueblo, una realidad intangible, un ambiente.

Advertimos, pues, que la cultura se manifiesta como una unidad orgánica, no como un agregado aritmético. Muchedumbre de poetas, de inventores, de filósofos, no formarían nunca, en la estimación ajena al menos, un estado de superior cultura, a no ser que todos esos esfuerzos, aunque aislados en la apariencia, se hallen superiormente vinculados en una aspiración ideal colectiva, movidos por una preocupación fraterna. Este vértice de comunes alicientes, es la conciencia nacional, con todos sus orgullos, sus anhelos, sus bríos asertivos, su dignidad patriótica. Por eso la formación de la alta cultura en los pueblos jóvenes suele estar condicionada por la aparición de un ideal de independencia y de peculiaridad —es decir, de independencia política, como Estado, y de independencia social, como nación—. Una vez realizados esos dos ideales, la cultura propende a su conservación y ahínco. Así, en Francia, la cultura nos parece superior, y lo es en realidad, porque la hallamos siempre puesta al servicio de una personalidad colectiva ya cuajada.

En cambio, los Estados Unidos no han tenido hasta ahora sino una cultura aritmética, sin apariencia alguna de organicidad, debido a que la conciencia nacional está todavía esbozándose en ese crisol insondable de todas las escorias europeas. La región más verdaderamente culta de ese país —la Nueva Inglaterra— es precisamente la que de todas ha tenido siempre una conciencia étnica y social más definida; y aún allí vemos que la decadencia contemporánea de su prestigio intelectual coincide con la debilitación de aquella conciencia puritánica al influjo de ciertas inmigraciones que la han adulterado.

III

Entre nosotros, también, la cultura nació con los primeros albores de la conciencia insular. No es menester, ante un auditorio tan avisado como el que en estos momentos me honra con su atención, detenerse a señalar pormenorizadamente los viejos avatares de nuestro progreso colectivo. Pero si se intentara, a guisa de tabla de referencia, una síntesis de esa evolución desde la época primitiva de la colonia hasta ésta que hoy vivimos, parece que pudieran fijarse escuetamente cuatro extensos períodos, cuatro fases en el desenvolvimiento de nuestro esfuerzo y de nuestra conciencia nacionales. Esas fases son: la que convendría a nuestro objeto llamar pasiva, que comprende toda la primera época inerte y fideísta de la colonia, hasta 1820; la fase especulativa, caracterizada por la incipiencia de las inquietudes intelectuales y patrióticas; la fase ejecutiva, que abarca todo el período libertario iniciado en el 68; y, en fin, la fase adquisitiva, durante las dos décadas de vida republicana que nos traen a los días actuales. Pues bien: mientras, a lo largo de ese proceso histórico, la instrucción se desarrolla entre nosotros lenta y, por así decir, horizontalmente, la cultura, en cambio, fuera de toda correlación, describe una trayectoria ascendente que alcanza su nivel máximo en la época inmediatamente anterior a las guerras por la independencia. Verifiquemos esta síntesis.

El primer cuarto del siglo XIX —la fase que he llamado pasiva, dando a la palabra un sentido social e histórico— solo conoció, para la cultura, escasos esfuerzos individuales por parte de algunos espíritus deleitantes —«curiosos», como se decía entonces— desprovistos de toda mira trascendental. El

Padre Caballero, don Francisco de Arango y Parreño, don Ventura Pascual Ferrer, el mismo don Tomás Romay, tan nutrido y fecundo, eran meros eruditos de sociedad colonial, hidalgos leídos, pero sin ningún anhelo riguroso de disciplina, de perfección, de aplicación práctica del saber; y lo que es más importante: sin ninguna aspiración ideal suficientemente concreta que hiciera de sus elucubraciones verdaderos aportes a un acervo de cultura. Fue necesario que se formase paulatinamente, a partir de 1820, un ideal más o menos definido, más o menos puro, de dignificación colectiva, para que se estableciera entre los altos espíritus una vinculación espiritual propicia al desenvolvimiento riguroso de las disciplinas intelectuales. El movimiento liberal reflejo de 1820, y la misma reacción política que le siguió, estimularon los ánimos a la especulación, engendrando en ellos un anhelo de personalidad, de afirmación insular, de independencia relativa, en una palabra. Poco perspicaz sería quien pensase que los prístinos orígenes de nuestra libertad no aparecen sino hasta cuando, mediado el siglo, comenzaron a urdirse las primeras intenciones separatistas. El espíritu de independencia anterior siempre a la voluntad de independencia, data de muy antes. Aunque se revistiera de eufemismos y de actividades no políticas, aunque se tradujese en esfuerzos y programas de mera reforma social o económica, como el educacionismo, el abolicionismo, el librecambismo y tales, la inquietud íntima tenía ya ese carácter afirmativo de la propia capacidad que es el caldo de cultivo de todas las emancipaciones. Y nótese, porque esto es lo capital desde nuestro punto de vista, que a medida que ese anhelo de afirmación insular se iba cuajando en los espíritus, la cultura adquiría más inequívocos visos de seriedad. Numéricamente, aumentaban sus cultivadores. Cualitativamente, la especulación intelectual se hacía más rigurosa, más intensa, más pugnaz: el diletantismo cedía al profesionalismo ideológico; el concepto de la disciplina se establecía prestigiosamente; germinaba el espíritu crítico evidenciado en el debate y en la polémica; cundía la noble pugna de los métodos y los conceptos; reñidas eran las oposiciones universitarias; la prensa exigua se animaba, en su elementalidad, de preocupaciones trascendentales. Un prurito de emulación, de honradez, de sinceridad en las cosas del saber; una preocupación más honda por el sentido y el alcance de las ideas; un ansia de extranjeras novedades; una actitud de análisis hacia los problemas;

un desdén de lo fútil y lo improvisado; un afán de aplicar prácticamente los principios a las instituciones; una vaga ansia de albedrío y substancialidad local, en fin, caracterizaban ya las especulaciones de aquellos cultos del 36, modelos para nuestros simuladores de hoy. En lo hondo, la aspiración era una, no importa qué diversas sus manifestaciones. El ideal de Patria, aunque todavía sin connotaciones políticas muy perfiladas, animaba aquellas voluntades. Cuando se hablaba de la tierra, empezaba a decirse «la Isla», en vez de «el País». Y aunque la enseñanza era todavía, a mediados del siglo, notoriamente inadecuada; aunque ni por la cantidad ni por la calidad de su producción intelectual pudiera decirse de los Varela, Luz y Caballero, Saco y Del Monte que fuesen representantes de un apogeo deslumbrador, ¿quién negará que fue aquella la época en que nuestra cultura ha sido más rigurosamente tal, debido, en cierta medida, a la comunidad de ideales que la integraba?

Respecto de aquella fase especulativa de nuestra evolución intelectual, la época de hoy es, con toda su aparente superioridad, una época de merma y de crisis. Al período especulativo de Saco y de Heredia —porque también los poetas especulan a su modo—, a aquella época que engendró el espíritu de nacionalidad y, por éste, la incipiencia de una cultura verdadera, sucedió una era de resoluciones, la época que he llamado ejecutiva, porque ya, en efecto, no se trataba tanto de ventilar como de realizar. El 68 marcó el ascenso de la voluntad sobre la curiosidad. A su manera indirecta, y a las veces pacata, la cultura había ido formando el brío sedicioso que ahora iba a cuajar en libertaria violencia. El dinamismo de la acción nació, como suele, del aparente estatismo de las ideas —estatismo de redoma, en que las reacciones se producen recónditamente, bajo la densa calma exterior del precipitado.

Pero se dijera que es sino de las culturas el retardarse a sí mismas por la virtud de sus propios efectos. La cultura, en un pueblo sometido, engendra la acción, y la acción siempre sumerge temporalmente la meditación. Así, las guerras libertarias, consecuencia en cierto modo intelectual, ahogaron la intelectualidad. Aunque la acción libertadora no fuese entre nosotros ni tan intensa ni tan unánime que enlistase en su servicio todos los espíritus superiores, antes bien se desarrolló como al margen de las disciplinas ciudadanas, estas disciplinas, sin embargo, perdieron la unidad y la tonicidad interiores que habían tenido antes de la Revolución. Toda, o casi toda, cubanidad fervorosa se trocó en esfuerzo para la manigua. En las ciudades quedaron, abogando por el integrismo y sus matices, espíritus de indudable vigor; en el silencio de las bibliotecas y de los gabinetes, continuaron sus devociones algunos cruzados de las letras y de las ciencias; pero la unanimidad espiritual, la comunión de ahíncos, el fervor de idealidades remotas, se diluyeron en la atmósfera cargada de inquietudes y disidencias. La guerra de independencia, pues, al destruir la unidad espiritual de la cultura, desterró de entre nosotros la contemplación, nodriza perenne del saber, y nos conquistó la dignidad política a cambio del estancamiento intelectual.

El ideal libertario lo absorbió todo. Una vez realizado, quedó nuestra sociedad estremecida del gozo de su conquista y harto fatigada también del espasmo para cortejar nuevos ideales, porque todos los deliquios de amor cobran su tributo de cansancio. Agotados de momento todos los bríos, se perdió la disposición al nuevo esfuerzo. Gastados todos los impulsos del espíritu colectivo en una concentración militante, la hora del triunfo marcó también un momento de penuria espiritual que todavía estamos viviendo. Nuestra Cuba se abandonó a una gozosa latitud, a una como disposición apoteósica, franca a todas las voluptuosidades, reacia a todos los rigores y alucinada de líricos optimismos, como el mozo que entra en posesión, sin trabas al fin, de su cabal hacienda.

¿Ha de extrañarse, pues, que las primeras décadas de nuestra vida republicana hayan sido nada más que un epinicio confuso y estéril, un desbandamiento de mílites orondos, con algo de vandalismo hacia la cosa pública y mucho de caudillaje y de indisciplina? La Historia no improvisa halagos ni ofrenda regalías. Lo que da, lo cobra. Toda conquista culminante pide su sacrificio previo y exige sus réditos de desengaño. Una revolución política que triunfa trae consigo, fatalmente al parecer, un período sucesivo de apatía, de indigencia ideológica y de privanza de los apetitos sobre el ideal. Abocados al panorama ubérrimo de juvenil albedrío, creyeron los cubanos de la pasada generación que podían seguir viviendo en usufructo de los viejos ideales triunfadores y que el progreso se nos daría por añadidura. Hubo un descenso general en el tono anímico de nuestro pueblo. No se comprendió la necesidad urgente de buscar un contenido trascendental para la patria meramente política que acababa de ganarse. Creyéndolo totalmente utilizado, se desechó el espíritu colectivo, y el individuo se afirmó reclamando sus derechos en la conquista de todos. Al desinterés, siguió la codicia; a la disciplina, el desorden pugnaz; a la integridad de aspiración ideal, una diversificación infecunda; a la seriedad colectiva, el «choteo» erigido en rasgo típico de nuestra cubanidad.

El «choteo» fue, en efecto, uno de los elementos perniciosos que entró entonces en el vivir cubano. Con él, la irresponsabilidad individualista y el prurito adquisitivo que le dio su tono peculiar a la nueva etapa. Esos tres agentes sutiles de amoralización, se combinaron para retardar el resurgimiento de nuestra cultura.

Del regocijo que nos dio el advenimiento a una vida nueva, plácida y libre, se engendró esa primera disposición, que han dado en llamar característica de nuestra índole. Consiste el choteo —todos lo sabéis— en pensar con Oscar Wilde que «la vida es algo demasiado serio para tomarla en serio»; paradoja que está muy bien cuando por «seriedad» se entiende ánimo grave, gesto ceñudo y falta de flexibilidad comprensiva para las flaquezas humanas. Pero si la seriedad consiste en la virtud de ponderar racionalmente las cosas, ajustando nuestra conducta a ese discernimiento cuidadoso, la máxima del ironista británico es solo una pirueta que puede dar con los huesos en una cárcel, como le aconteció al pobre cínico de Reading Jail.

Pues bien: la falta de esta suerte de seriedad —y no el ánimo divertido y el pronto gracejo— constituye lo que en Cuba llegó a señalarse como vicio nacional. El choteo, no solo invadió las actitudes y criterios de los individuos, sino que trascendió, por consecuencia, al orden social, intelectual y político. Época hubo entre nosotros en que el miedo de ser «choteado» —como decimos— impidió a los políticos tener alteza de miras, a los abogados rehusar pleitos infames, a los hombres casados ser fieles, a los estudiantes ser filomáticos, es decir, estudiosos, y al ciudadano en general ir a un entierro con chistera. Poco a poco, por contagio y por intimidación, la mofa llegó a formar ambiente, enrareciendo el aire moral del país.

Y a este influjo enervante, que descorazonaba todos los esfuerzos y rendía los más nobles entusiasmos, se añadió para hacer aun más estéril nuestra adolescencia republicana, la irresponsabilidad engendrada por la falta de sanciones serias y efectivas. En la improvisación enorme que fue nuestro estreno como pueblo libre, nadie pedía cuentas a nadie, porque la guerra había agotado a unos jueces y silenciado a otros; porque se habían perdido todas las pautas estimativas y porque, en último caso, todos, aptos o no, nos reconocíamos igualmente facultados por la victoria para el aprovechamiento de sus múltiples posibilidades. Así como en la política se entronizaron hábitos de incautación, de inconsulta insuficiencia y de favoritismo, convirtiendo la cosa pública en tesoro de todos y revistiendo al gobernante de una sonreída inmunidad, así también se desvalorizaron todas las demás funciones: fue catedrático quien quiso, periodista quien lo osó, intelectual el primer advenedizo capaz de perpetrar un libro, de pulsar una lira clarinesca o allanar una Academia.

El esfuerzo serio hacia la cultura fue, al través de estos tiempos orondos y libertinos, una actividad recóndita de algunos —muy pocos— espíritus aislados. Pero ¿podrá decirse que su labor fue indicio de verdadera cultura —en el sentido parcial de integración que antes le hallamos al concepto— cuando el mismo tímido aislamiento de aquellos trabajadores y la discontinua parvedad de su producción intelectual hacían de ellos verdaderas excepciones?

La gestión educativa de la democracia, la instrucción pública, claro es que iba extendiendo entre tanto su dominio. Mal que bien, gracias al brío inicial que supieron infundir a nuestros administradores públicos los gobernantes de la Ocupación, y a la inercia con que se sostuvieron esos ajenos impulsos, íbanse abriendo escuelas y adoctrinando maestros, con lo que se le dieron las primeras embestidas al denso analfabetismo reinante en la República. Al cabo de diez años de esta labor, el nivel de educación general había subido al punto de suscitar no pocos optimismos que nos inducían a blasonar de ser ya un pueblo culto. Pero ni ésta era más que una pretensión insubstancial, ni podía ella, en todo caso, justificar la confusión de la enseñanza con la verdadera cultura. Se había ganado en difusión, mas no en intensidad ni en nobleza de luces. En agricultura, como todos sabemos, se distingue cuidadosamente entre el método extensivo y el método intensivo de cultivación. Mientras aquél consiste en ir utilizando sucesiva y superficialmente los terrenos feraces de una tierra virgen, abandonándolos por otros a medida que su rendimiento deja de ser espontáneo, el método intensivo de los pueblos viejos consiste en extraer de cada terreno fatigado, mediante los estímulos o abonos artificiales del hombre, su máxima potencialidad. Pues bien: aplicando esa fraseología a la cultura —que al fin y al cabo es también, como la palabra lo indica, una forma de cultivo— podemos decir que nuestro desarrollo cultural ha sido hasta ahora extensivo y no intensivo. Se han ido cultivando superficialmente nuevas inteligencias; pero no se ha organizado la cultura intelectual en forma de que cada inteligencia dé, merced a los estímulos oportunos, su cabal rendimiento. El resultado es que hoy, a los veintitrés años de vida republicana, estamos todavía en un estado de estancamiento respecto de anteriores apogeos.

IV

Echémosle, si no, una rápida ojeada a las condiciones actuales que justifican esa aseveración. Sin perder de vista la obvia necesidad de generalizar y de apreciar los hechos relativamente a nuestra capacidad intelectual como pueblo, veamos en qué fenómenos notorios se manifiesta la dolorosa decadencia.

Notemos, en primer lugar, la falta casi absoluta de producción intelectual desinteresada entre nosotros. Llamo yo así a aquélla que en otros países se produce al margen de las actividades profesionales, no como un diletantismo o escarceo sin importancia, sino con el rigor, con el ahínco disciplinado y las serias ambiciones de una segunda profesión. (Las actividades académicas quedan, pues, descartadas de la colación presente, puesto que ellas suponen una función retribuida.) E impuestos estos límites, ¿cuántos ejemplos podréis citarme entonces de hombres que —como vuestro Presidente, por ejemplo, excepción ilustre y meritísima entre muy pocas— sepan o quieran robarle tiempo al tiempo para dedicarlo a las nobles cuanto improductivas tareas del gabinete, del laboratorio, de la biblioteca? Se dirá que la vida es muy exigente, que la apreciación es escasa, que el clima es impropicio, que los medios materiales necesarios no existen. Todo eso es cierto en parte, y la consideración de tales disculpas tendrá su momento cuando aludamos a las causas de nuestra penuria intelectual; pero el hecho en sí es que carecemos de ese alto y denodado esfuerzo, de esa briosa y heroica vocación a las labores más altas del entendimiento. Los Varona, los Aramburo, los Ortiz, los Guerra, los Chacón y Calvo, ¿no podéis contarlos con los dedos de una sola mano?

Aparte esa falta de dedicación marginal a ciertas especiales disciplinas, advirtamos que también va desapareciendo entre nosotros el tipo del culto enciclopédico, del hombre versado con alguna intensidad en múltiples ramas del saber. Se ha contagiado a tal punto nuestra curiosidad intelectual —¿pero es que en realidad tenemos verdadera curiosidad intelectual?— del prurito especializante, teorizado por el pragmatismo norteamericano; ha cundido tan extensamente entre nosotros el moderno afán hacia lo utilitario y lo práctico, que ya no se cosecha aquel «curioso» de antañazo, con el cual podía discurrir el coloquio por los más apartados y sinuosos meandros del humano conocimiento. ¿Cuántos hombres de nuestro tiempo han leído de veras a Ovidio y a Goethe, o cursado añejas teologías, o abrevado siquiera de paso en los manantiales filosóficos? Antiguamente, el bisabuelo de cada uno de nosotros era o no era partidario de Krause, había leído sus clásicos y sus enciclopedistas y esperaba con fruición la última entrega de alguna rara y abstrusa obra que los morosos veleros traíanle de Europa. Hoy día, apenas si nos preocupa otra cosa que los artículos de fondo (sin fondo) y, quizás, alguna novelita de ambigua notoriedad.

Cierto que existen todavía raros espíritus de capa raída y hasta algún mozo barbiponiente a quienes no les son del todo extrañas aquellas curiosidades de otrora; pero, aparte la exigüedad numérica de tales excepciones, no cifran ellas tampoco verdaderos esfuerzos en el sentido de una copiosa asimilación por el gusto de la sabiduría en sí. Se limitan a ser curiosidades en el sentido más frívolo, sin integralidad y sin método.

Una de las consecuencias —que es a la vez indicio— de esa desaparición del tipo enciclopédico, es la decadencia actual del coloquio. Buenos conversadores, conversadores amables por la amena fluidez, los tenemos todavía y los tendremos siempre como no degeneren las facultades de imaginación y facundia en que la raza abunda; pero «crisólogos», de la vieja hechura, aptos para la continuidad profunda en el discurso, agotadores del tema, ricos en la alusión erudita, vastos en el señorío ideológico —de esos apenas nos quedan ya—. La conversación se depaupera en el contenido como en la forma; pierde en médula lo que acaso cobre en agilidad y en audacia; no es ya exploración ponderada y grave de los asuntos, sino leve y veleidoso mariposeo. Y por consecuencia, la tertulia —aquella inefable institución de nuestros mayores— o no existe, o toma visos veniales de peña de café.

Y si es verdad que nos va faltando cada día más la superior producción liberal y el tipo de rica cultura y el conversador erudito, ¿no podremos afirmar otro tanto de la alta especulación en los órdenes menos desinteresados del saber; es decir, en aquellos que más estrechamente se relacionan con la profesion del medro cuotidiano? Yo, señores, que, como os dije al principio, quiero ser y soy profundamente optimista, pero con el optimismo riguroso que se refiere al porvenir y mira sin indulgencias al presente, tampoco hallo, en estas esferas de nuestra actividad intelectual, dechados que nos rediman de la condición indecisa y precaria porque nuestra cultura atraviesa. Tenemos, es verdad, en el orden profesional y científico, hombres que llamamos con frecuencia «ilustres». Del campo, entre nosotros amplísimo, del Derecho, podemos espigar hasta media docena de nombres muy cuajados en su eminencia —nombres de jurisconsultos sapientes que, desde la cátedra, desde el bufete y los estrados, y a veces desde los tribunales y asambleas más prestigiosos por su función universal, han conquistado, para sí mismos y para su patria, genuina distinción—. Pero también estos hombres son excepcionales; y aún a los más de ellos habría que reprocharles, en justicia, el no haber contribuido a la cultura jurídica estante de su país aportes menos efímeros, recogiendo en la obra escrita el fruto del saber y de su experiencia. Entre los demás de su dedicación, desaparece a ojos vistas el antiguo tipo del jurisconsulto profundo y erudito, cediendo el paso a la avalancha de abogados sin más disciplina que la muy positiva de las aulas universitarias, cursadas a veces con una rapidez de meteoro. No solo ha degenerado la profesión de abogado en su tono moral, sino también en su cultura. Ya no se producen abogados sabios: solo se dan abogados «listos».

Aunque yo no quiero aventurar juicios condenatorios en terrenos vedados a mi directa experiencia, tengo entendido que algo muy semejante, aunque no tan manifiesto ni tan general, se echa de ver en las demás profesiones. En la Medicina, donde no deja de ser significativo el hecho de que el tipo erudito, o sea el clínico, ceda terreno al tipo práctico, o sea el cirujano. En las dedicaciones llamadas técnicas, como la Arquitectura y la Ingeniería, para las cuales el título profesional ya se considera menos que innecesario, porque bastan el experto mecánico y el contratista para satisfacer la demanda corriente –de donde se va engendrando una depauperación gradual de la alta pericia, del buen gusto y de la ambición innovadora.

En otras profesiones más alejadas de las exigencias utilitarias, la falta de estímulos a la superior disciplina va enrareciendo el entusiasmo y el deseo espontáneo de sobresalir, de perfeccionarse.á Así sucede en la pedagogía, donde apenas se echa de ver el émulo del viejo maestro cubano, mentor espiritual de generaciones, a la manera del Padre Varela y de Don José de la Luz. La decadencia de la cátedra, por otra parte, es un fenómeno que se ha hecho últimamente tan notorio, con la ventilación de los problemas universitarios, que casi no sería menester subrayarlo si no fuese porque a ella, más que a ninguna otra influencia aislada, se debe nuestra actual penuria de cultura.

A nadie se le oculta que nuestra Universidad, salvo alguna que otra excepción rezagada del tiempo antiguo, no es muy rica en eminencias. El scholar, el savant de las universidades extranjeras, es ave rara en nuestras cátedras. En las facultades liberales sobre todo, es decir, en aquéllas donde la aptitud es puramente académica y no se deriva ni se fortalece del ejercicio exterior de una profesión, nuestros catedráticos, por regla general, son fatuas luminarias cuya suficiencia no corre parejas con sus pretensiones. Su ciencia es parva y, las más de las veces, deplorablemente retrasada en el contenido y en los métodos. La enseñanza allí padece de una externidad, de una superficialidad, encarecida por el alarde verbal. La sensibilidad fina, la erudición al día, el buen gusto expositivo, brillan por su ausencia. En unos cursos se estudian textos extranjeros antiquísimos; en otros, textos locales, del mismo profesor, que no tienen siquiera ortografía. La doctrina se dispensa en dosis homeopáticas, con criterios y programas rutinarios, y frecuentemente, a manera de concesión adusta o de paréntesis ingratos en otras faenas, por personas que no tienen o la vocación didáctica, o la competencia, o la madurez requeridas. Un programa general de enseñanza que es de lo más absurdo, estrecho y escolástico que darse puede; un régimen que inhibe a la Universidad de toda iniciativa trascendental, que la supedita en gran medida a inexpertos criterios administrativos, que la constriñe a la economía de una dotación precarísima y que la expone, además, de hecho, a las influencias gubernamentales y políticas, acaba de hacer completamente inerme, y hasta contrarios a los libérrimos intereses de la cultura, el más alto centro docente de la República, trocando así en ancla lo que debiera ser proa de nuestros anhelos renovadores.

¿Cómo sorprenderse, pues, de que aquellas disciplinas que por tradición y por natural índole suelen tener su más sólido asiento en las universidades, anden entre nosotros tan sumidas y desmedradas? La Filosofía, la Historia, las Ciencias Naturales y Exactas, la Filología, la Erudición y Crítica Literarias apenas si tienen en Cuba, fuera de la Universidad, esforzados que las divulguen con amor y suficiencia. Si en la Universidad los hay, tan escasos son sus arrestos, tan exigua su confianza en sí mismos, tan recatada su modestia, que ni resuelven a llevar sus enseñanzas al libro, contentándose con ejercicios de seminario y discursos de veladas. Así se da entre nosotros, repito, el triste caso de que, lejos de ser nuestra Universidad el refugio de toda especulación desinteresada, el foco de toda luz superior, el ejemplo y recurso de las vocaciones intelectuales, el representante máximo, en suma, de nuestra cultura —lejos de ser todo eso, constituye como un índice de nuestro alarmante utilitarismo y de nuestra pavorosa inercia para las cosas del espíritu.

Esa falta de ejemplaridad allí donde debían establecerse las pautas de valoración intelectuales y los más altos niveles del esfuerzo culto, ha contribuido mucho a favorecer el descenso en otros sectores extrauniversitarios del pensamiento. Reparad, si no, en la crisis que también sufren entre nosotros la oratoria, el periodismo, la ideología, las letras.

Cuba fue durante todo el período especulativo y ejecutivo de su historia un pueblo pequeño de grandes oradores. No es preciso, para corroborar el aserto, más que mentar los nombres de Cortina, de Figueroa, de Martí, de Montoro, de Giberga y Fernández de Castro. Ellos cifran toda una gloriosa tradición tribunicia. ¿Podemos asegurar que hoy día se mantenga —no en cuanto a la cantidad, sino a la calidad, que es lo que importa— esa ejecutoria lucidísima? Contamos hoy con más «discurseadores» que nunca: entre ellos figuran todavía algunos verbos eximios. Mas ¿no son precisamente los veteranos del tiempo antiguo? De las generaciones posteriores, ¿podéis entresacarme más de dos, tres, cinco oradores jóvenes —y ya son muchos— que puedan justamente compararse con los próceres del autonomismo y del liberalismo antiguos? Aquella era oratoria opulenta de formas verbales; pero plena de pensamiento, nutrida de saber, noble y armoniosa de arquitectura, fina de léxico y aventajada en sus intenciones ideológicas. La oratoria de hoy día es, cuando mejor, mero derroche de sonoridades aparatosas y de tópicos más o menos consabidos. El discurso tiende a ser invertebrado, a carecer de toda trabazón lógica interior. Se han perdido las ventajas del cálculo y se han adquirido todos los vicios de la improvisación. Oír hablar a un orador del día ya no es un deleite edificante; es una disipación infecunda. Son los suyos discursos temerosos de la versión taquigráfica. Y así, no es sorprendente que entre la juventud más preocupada de hoy, entre la juventud excepcional que aspira, por encima de todo, a la precisión, a la claridad, al orden, se haya acentuado más que entre ninguna otra esa antipatía a la oratoria, característica de la conciencia intelectual contemporánea. Los malos oradores habituales han desprestigiado el género, creando un prejuicio en su contra.

¿Y el periodismo? ¿Os pareceré implacablemente universal en mi censura si afirmo que el periodismo, a pesar de su enorme avance material, ha sufrido un descenso paralelo al de la oratoria; esto es, que ha perdido su antigua densidad ideológica y su elegante decoro? El problema, en cierto modo, no es nuestro solamente. En casi todos los países, y sobre todo en los sajones, está cundiendo la alarma contra la insubstancialidad doctrinal, la pequeñez de intenciones y el exceso de informativismo premioso y superfluo que caracterizan la prensa contemporánea. Pero entre nosotros, a esos vicios de esta época frenética en que vivimos, aguijada por el prurito constante de la prisa, hay que añadir toda una muchedumbre de perversiones locales hijas de nuestro ambiente y de nuestro temperamento. Hay que añadir el «choteo» subterráneo que informa las graves reseñas camerales; el espíritu de fulanismo, de mendicidad venal y de medro vergonzante en las campañas; la adjetivación prehecha; el estridentismo populachero en los «titulares»; el sórdido énfasis en la nota delincuente que aguza las curiosidades malsanas de la plebe; el desinterés en el artículo bello y ponderado y el acceso a la profesión de gentes sin más título ni aptitud que su notoriedad de condottieri, de negociantes turbios o de trepadores afortunados.

En el fondo, ese descenso del periodismo indica un doble rebajamiento: el de los conceptos morales y el de los conceptos intelectuales. Es, pues, una crisis de ética y una crisis de cultura, y responde, en parte, a la misma degeneración dual que se advierte en el tono corriente de nuestra ideología política. Los periódicos no son, en general, órganos de la opinión pública, sino de determinados intereses; órganos, a lo sumo, de partidos. Y los partidos políticos que los inspiran tampoco representan entre nosotros verdaderos movimientos doctrinales, milicias de principios distintos; antes son facciones que, por accidentes históricos, se turnan y contraponen en la disputa asaz corrompida del poder. Nuestra política —lo que, rebajando el noble concepto aristotélico llamamos «política»— no es más que un engranaje de atenciones y de intenciones menudas, cuotidianas e inmediatas, sin vuelos poderosos ni levantadas vislumbres que aspiren a ampliar los horizontes de nuestro prestigio. Si alguien se atreve a poner sobre el tapete legislativo una concepción audaz e innovadora, un programa de acción interna que organice y estimule nuestras energías nacionales, un proyecto de actitudes exteriores que nos destaque sobre los demás pueblos, redimiéndonos de nuestra pequeñez geográfica mediante la afirmación de nuestro albedrío y criterio propios —si alguien, digo, intentara esa aventura, como no hubiese beneficios actuales de por medio, tened por seguro que se le tacharía de iluso y de romántico, sacándose a relucir en contra suya los consabidos y falaces argumentos de nuestra soberanía mediatizada y de la necesidad de atender a más concretos menesteres—. Así se explica que no hayamos hecho tan solo el intento de emular al Uruguay —república casi tan pequeña como la nuestra— en sus admirables avances dentro de la legislación industrial y social, ni a la Argentina en su política de inmigración, ni a México en su política de defensa de la propiedad. Así se explica que no tengamos asomo siquiera de una política antillana que nos vincule a las demás grandes Indias Occidentales, con vistas al lejano futuro. Así se comprende también que permanezcan sin resolver, con los problemas actualísimos de la Nación: el analfabetismo, la subordinación económica, la corrupción administrativa, el atraso y desorden jurídicos, aquellos otros problemas mediatos tan vitales como el de nuestra monoproducción azucarera, que nos obliga a ser un pueblo con una sola oferta y múltiple demanda...

Pero acaso penséis que me aparto demasiado, con estas implicaciones, del problema de la cultura en sí. Es que existe una noción corriente de que la cultura es solo cosa de literatos, y que, por tanto, hablar de crisis de la cultura es aludir a una decadencia puramente literaria.

La noción no puede ser más simplista. Pero aceptémosla de momento y pensemos si, aun ciñéndonos al estado de las letras, no cabe señalar un evidente descenso en nuestro nivel cultural. ¿Dónde está, en efecto, la producción literaria gallarda y extensamente prestigiosa que corresponde a un pueblo de nuestra tradición? ¿Quién recogió la lira poderosamente templada de Heredia? ¿Quién la inspiración enérgica y la fecundidad gloriosa de la Avellaneda? ¿Qué bríos han sabido desarrollar, en nuestro siglo, las iniciativas precursoras de Julián del Casal y de José Martí en el Modernismo poético americano? ¿Dónde está el novelista que supere a Cirilo Villaverde, el ensayista que emule a Varela, a Saco o a Varona, el crítico que rivalice con Piñeiro o Justo de Lara?

Me anticipo a los reparos posibles. Se dirá que tenemos actualmente poetas de genuina inspiración, novelistas destacados, ensayistas de publicidad y nombradía y hasta periodistas con estilo. Cierto. Pero lo que se ha de ver es, por una parte, si son bastantes en número para que nos conformemos con ellos, a estas alturas de la evolución nacional; y por otra parte si esos valores en realidad satisfacen nuestro criterio más riguroso y legítimo en la hora actual. A estas dudas yo me contesto que las dos generaciones últimas no han producido, ni en número ni en calidad, una sola hornada literaria capaz de representarnos con el debido prestigio ante los pueblos extranjeros. De Martí para acá, el Santos Chocano, el Amado Nervo, el Lugones, el Horacio Quiroga o el Vasconcelos no aparecen en Cuba por ninguna parte. Ante la misma América hermana, que con tan indulgente simpatía nos mira, Cuba es un pueblo sin literatura relevante en lo que va de siglo. Si figuramos todavía en el mapa literario de la América, se lo debemos a la ejecutoria de los viejos gloriosos. La juventud ahora estante, entre la cual se acusan, a no dudarlo, genuinas vocaciones y alentadores bríos, todavía no rinde sabrosa cosecha, sino fruto en agraz, a veces servido antes de tiempo y endulzado con el polvo de azúcar que son los encomios prematuros.

Nuestra cultura, digámoslo sin peligrosos disimulos, está también de capa caída desde el punto de vista literario. No se nos diga que no tenemos suficiente perspectiva sobre nosotros mismos para aventurar tal pronunciamiento. La perspectiva es necesaria dentro de ciertos límites: para aquilatar, para comparar, para medir; pero no se hace menester la perspectiva para juzgar si hay o no flores en un jardín y si las flores que hay son desmayadas o enhiestas, pálidas u opulentas. La perspectiva no nos hace falta, por ejemplo, para apreciar que, si el movimiento literario es entre nosotros injustificadamente moroso, en cambio el movimiento pictórico acusa cada día más fecunda actividad dentro de su tardía incipiencia. Este es un hecho que acaso deba atribuirse a la protección dispensada por el Estado al ejercicio y fomento de las artes plásticas. Si las letras gozaran entre nosotros aunque solo fuera de esos elementales estímulos, la literatura actual no dejaría tanto que desear.

V

Pero esto ya me trae, señoras y señores, a la parte final de mi conferencia, en la cual intentaré brevemente precisar cuáles son las causas más generales de esta decadencia de la cultura, cuyas manifestaciones notorias acabo de esbozaros.

Dije al principio que una cultura nacional era un conjunto de aportes intelectuales numerosos, conscientemente orientados hacia un mismo ideal y respaldados por una conciencia social que los reconoce y estimula. De este concepto se desprende que son tres los elementos integrantes de un estado de cultura, y que, por consiguiente, la decadencia de un estado tal se deberá, o a la falta de alguno de esos elementos o a la condición precaria de ellos. Esta deducción nos permite dividir las causas de nuestra crisis en tres categorías: las causas individuales, las causas orgánicas y las causas sociales; o lo que es lo mismo: las deficiencias del esfuerzo, de la organización y del ambiente. Y claro es que, no siendo la cultura un complejo mecánico en el que se pueda localizar un entorpecimiento con toda exactitud, atribuyéndole la inoperación de todo el conjunto, esas causas se compenetran y superponen entre sí, al punto de que la crisis de la cultura aparece, en todo momento, como una consecuencia de la combinación de todas ellas, y no como un resultado particular de las que pudieran estimarse más importantes.

Existe, sin embargo, cierta jerarquía. Los motivos que influyen sobre la voluntad individual, que la determinan o la paralizan para la producción culta, son los principales y se originan unas veces en el fuero interior, otras en el medio circunstante. Entre los primeros hay que señalar, desde luego, la peculiar idiosincrasia del cubano.

En todos los tiempos nuestro carácter ha sido nervioso e inquieto por temperamento fisiológico; frívolo, actualista e imprevisor por hábito originado quizá en el aventurero atavismo colonial y en la próvida generosidad de la naturaleza que nos rodea. La índole frívola del cubano es proverbial. En algunos países (el mexicano Querio Moheno lo declaraba ha poco en su tierra) esa cualidad nuestra se ha llegado a hacer notoria, conquistándonos muchas simpatías y una miaja de jovial desconfianza. Por otra parte, nadie más actualista ni más imprevisor que el tipo criollo medio. Como la cigarra de la fábula, atiende al momento presente, al bienestar o a la satisfacción de ahora, sin dársele un ardite de la condición futura. Si yo tuviese tiempo para ello, pudiera citaros no pocos dichos y proverbios guajiros que expresan esa filosofía; y el acucioso folklorista que es vuestro Presidente no me dejaría mentir. Reparad, además, cómo el único vicio arraigado que en justicia quepa atribuir a nuestro pueblo es el del juego; es decir, el vicio imprevisor por excelencia.

Pues bien: estas cualidades del cubano tan simpáticas en otras manifestaciones, hacen contra el esfuerzo y las iniciativas intelectuales. Porque todo esfuerzo intelectual para ser fecundo ha de ser sostenido, y para ser sostenido requiere cierta abnegación constante, cierto sacrificio del presente al porvenir; en una palabra: mucha disciplina y algún afán de gloria.

Aun cuando surgen entre nosotros vocaciones intelectuales, con frecuencia se malogran debido al influjo de otras cualidades de nuestra manera de ser. La versatilidad excesiva nos lleva a disipar nuestras energías en múltiples sentidos, la demasiada inteligencia nos hace peligrosamente fácil el esfuerzo, y nuestra peculiar riqueza imaginativa engendra peligrosas ficciones, tentándonos a reemplazar el estudio con la rápida intuición. A estas tres modalidades de nuestro entendimiento creo yo que hay que atribuir uno de los fenómenos más comunes en nuestra vida intelectual –la simulación–. La simulación es en no pocos casos consciente, y la hallamos en el «intelectual» improvisado que escribe, enseña o diserta sin más preparación que la de unas aulas precarias y la de unas lecturas somerísimas; pero armado, en cambio, de una fatuidad y de una osadía inexpugnables. Otras veces, la simulación es inconsciente: la ficción de cultura se funda en una creencia de buena fe en la propia capacidad, creencia que se afirma por la falta de crítica autorizada y sincera en nuestro medio. A la postre, en fuerza de aparecer como paladines del saber, los simuladores se crean reputaciones, domésticas al principio, públicas después, y se hacen número inevitable de todas las veladas, miembros de todas las academias, usufructuarios de todas las representaciones culturales de la nación. Así también se forman con frecuencia los educadores de la juventud y los portaestandartes de nuestro civismo.

Ahora bien: si esas actividades anti-intelectuales del criollo temperamento son, como dije, de todos los tiempos, no hay duda de que ellas se han acusado en nuestra época al influjo del vivir moderno. Por una parte, la vida ha multiplicado sus alicientes cotidianos y, con ellos, las tentaciones a nuestra frivolidad natural; por otra parte, al mismo tiempo que han aumentado las oportunidades de placer, el trabajo se ha hecho más imperativo y más árido, exigiendo, por tanto, una compensación tal, de reposo y de distracción, que no deja margen para el cultivo serio de las aficiones espirituales. Los deportes consumen los ocios de la juventud; la mera holganza por calles y paseos es más atractiva; el espectáculo exterior, al alcance de todos, nos absorbe. Como la lucha por la vida es más dura que nunca, el goce de la vida supone una mayor tentación. Así se da la paradoja de que el cubano de hoy sea más frívolo que el de antaño precisamente porque trabaja más.

Y la más democrática organización económica actual, ¿no nos prohíbe también la actitud contemplativa, empujándonos hacia la incesante militancia del lucro? Ya apenas existe el hijo de familia patriarcal y acomodada que antaño hacía tertulias y sonetos para distraer la tristeza de ser rico. Los criterios sociales han evolucionado paralelamente con los imperativos económicos. Todos hemos de trabajar. El cubano de aptitudes intelectuales, aguijado por la necesidad de riqueza en una sociedad que estima más la opulencia que el talento, se dedicará al ejercicio muchas veces aleatorio, pero siempre lucido, de una profesión que lo absorbe y anula para otras atenciones cultas.

Su educación previa no le ha abierto perspectivas intelectuales que le hechicen y conquisten. En la escuela, en el instituto, en la Universidad, apenas se le pone eficazmente en contacto con los estímulos superiores del entendimiento. Si estudia ciencias y latines, es a manera de fría rutina escolástica que acaba por hacerle abominar de esos estudios, reñidos, después de todo, con el cínico materialismo circundante. Y aun suponiendo que la enseñanza yerta de las aulas despierte en él vocaciones intelectuales ingénitas, ¿qué ha de hacer sino ahogarlas, olvidarlas, inhibirse de ellas, torcerles el cuello como el poeta de la parábola? ¿Acaso le ofrece el ambiente alguna invitación a que las cultive? ¿Quién remunerará adecuadamente su abnegación? ¿Le procurará el Estado algún modus vivendi decoroso con que pueda servir su propio ideal y, a la vez, los intereses generales de la cultura? Las cátedras son pocas, y muy francas a las codicias sin escrúpulos y a los arribismos de compadrería. ¿Le ayudará algún Mecenas? La filantropía no es fruta tropical, ni se aviene con su decoro. ¿Le sustentará el público? Los periódicos no pagan para vivir, y el público no lee libros de autores cubanos... ¿Qué hacer? Todos lo sabemos: el intelectual se hará abogado, o quizás... político.

A la natural indisposición de su temperamento inquieto, imprevisor y epicúreo; a las exigencias de la organización económica, rigurosa y agotadora; a la privanza de la dedicación profesional, que le ofrece la más rápida compensación mediante el más lucido y fácil esfuerzo; a lo impropicio de su educación tenue y positivista; a la falta de estímulos y retribuciones creadas, se une, como un último motivo que lo determina en contra de la vida intelectual superior, la inclemencia de nuestro clima. Digamos más específicamente la inclemencia de nuestra temperatura. El calor no es un obstáculo insuperable contra las labores intelectuales; pero sin duda es una influencia hostil. Las civilizaciones tropicales han sido siempre más bien estéticas y militantes que especulativas. Ningún gran sistema filosófico ha sido compuesto a 76 grados Fahrenheit, que es nuestra temperatura media. La ciencia y la experiencia nos dicen que este caldeamiento enerva la voluntad y duplica la cantidad de esfuerzo que se requiere para un estudio determinado, haciendo ese esfuerzo más fatigoso y por ende, más difícil de sostener. De aquí que nuestras tentativas intelectuales se resientan, por imperativo climatérico y fisiológico, de una levedad, dispersión e intermitencia adversas a toda producción intensa y fecunda.

Los aportes intelectuales que forman la base de la alta cultura llegan, en virtud de todas esas circunstancias impropicias, a requerir un esfuerzo verdaderamente heroico. Tenemos que vencernos a nosotros mismos, vencer las sugestiones externas, vencer hasta a la misma Naturaleza. Una vez realizada esa triple conquista, sin embargo, los diversos aportes triunfantes no logran formar todavía un estado típico de cultura. Es que les falta organización, contacto, orientación, hacia un ideal tácita, pero íntima y concientemente formulado. Trabajamos en nuestros gabinetes, mas no existe entre nuestros trabajos una vinculación de intenciones. Cada obrero tiene su pequeña aspiración, su pequeño ideal, su pequeño programa; pero falta la aspiración, el ideal, el programa de todos —aquella suprema fraternidad de espíritus que, según vimos, es la característica de las civilizaciones más cultas.

¿Por qué estamos tan discordes, tan distanciados unos de otros? Nos observamos recíprocamente con fría displicencia, cuando no con fingidas o injustas actitudes. La crítica —esa función importantísima, organizadora de toda aspiración intelectual colectiva— no existe aquí. Apenas si tenemos sustitutos ínfimos, simulacros de crítica que se manifiestan, o en un espíritu de tolerancia campechana hacia la obra manifiestamente mala, o, por el contrario, en un espíritu de indiferentismo y hasta de gratuita censura hacia la obra buena. En torno de ésta particularmente, cuando surge, se hace un vacío terrible que la boicotea, la zahiere, la asfixia. ¿Por qué?, preguntaréis. Unas veces por envidia humana, otras, por hábito de mofa; otras, en fin, porque se hace a la obra víctima de las antipatías personales que se ha captado el autor, al igual que acontece el contrario fenómeno de que la simpatía hacia el hombre engendre un aprecio desmedido de su obra.

No hay, pues, rigor crítico. Tampoco hay cooperación, contacto organizado. El individualismo imbíbito en nuestra raza hace a cada uno quijote de su propia aventura. Los esfuerzos de cooperación generosa se malogran invariablemente. Los leaders desinteresados no surgen. En los claustros, en los gremios intelectuales, en las academias, en los grupos, la rencilla cunde como la yerba mala por los trigales de donde esperamos el pan del espíritu. Todo es un quítate tú para ponerme yo. La cultura es un naufragio, y el esfuerzo un arisco sálvese quien pueda. Se ansía vagamente un estado mejor; pero no se lucha en cruzada de todos por realizarlo.

Y si a aquella inercia producida por el temperamento y la temperatura, si a esta desorganización engendrada por nuestro individualismo excesivo se agrega, por parte de la masa social anónima, que debe ser como el substratum de la cultura, su actitud de displicencia y hasta de menosprecio hacia las inquietudes intelectuales, veréis cómo se completa el desolado cuadro de nuestra crisis. El pueblo —y cuando digo el pueblo, me refiero a todas las clases no intelectuales de la Nación, desde el seno de la familia hasta la oficina y el ágora— el pueblo alienta ya de por sí una sorda antipatía, un irónico recelo contra toda aspiración en que le parece sorprender pujos de aristocracia. Son los hostiles «sentimientos primarios» de que habla Ortega y Gasset. Hasta hombres educados hallaréis que protestan contra la denominación de «intelectual», como si el así llamado pretendiese formar casta aparte, como si ese vocablo no fuese una simple denotación genérica, empleada para mayor comodidad al referirse a cualquiera que milite, como director o como sencillo obrero, en la causa de la cultura. Claro que el intelectual es —por desgracia— individuo de una minoría (en el sentido no cenacular de esta palabra...); pero de una minoría atenta como ninguna al bienestar y a la dignidad de todos, de una minoría que aspira a ganar cada día más secuaces para la obra de común civilización. El pueblo no lo advierte y le opone su recelo estólido. Su misma dedicación adquisitiva ha arraigado en él los prejuicios positivistas de la época. La mala educación, la mala prensa, la mala política, lo han pervertido, enturbiándole la estimativa de los verdaderos valores mediante falsas prédicas y peores ejemplos. No solo entre el pueblo bajo, sino hasta entre la burguesía, el ser o parecer «intelectual» es una tacha de la que hay que redimirse mostrándose humano y sencillo, como si intelectualidad y vanidad fuesen en esencia la misma cosa. En consecuencia el individuo de superior vocación, se siente entre nosotros aislado, desalentado para toda pública iniciativa, o constreñido si quiere conquistarse las simpatías sociales, a tomar actitudes rebajadas e impuras que halaguen la vasta psicología anónima.

Esta tesitura social, esta falta de ambiente, debiera combatirse por medio de la prédica, del coraje individual, del señalamiento edificante de los valores genuinos y la recompensa adecuada a los mismos; pero a los llamados a hacerlo no se les ocurre, o no quieren exponerse, o no les parece que esa política de fomento sea un programa suficientemente concreto como para romper lanzas o votar créditos en su apoyo. Y así, en suma, la cultura avanza —si es que en verdad avanza— a paso de tortuga, porque los aportes individuales son escasos, porque están desorganizados y porque les falta el apoyo social.

¿Señalar remedios a este estado de cosas? No podría yo intentar hacerlo, señoras y señores, sin trabajar más ya vuestra fatigada imaginación ni rebasar los límites de mera exposición positiva que para esta conferencia me impuse. Estimo, además, que, conocidos los males y sus causas, los remedios se sugieren a sí mismos sin mayor dificultad. Lo que se ha menester es la iniciativa y el coraje para ponerlos en práctica una vez indagados. Y este coraje no nos vendrá a todos sino de la convicción firme, ardorosa, sincerísima, de que la cultura representa la suprema personalidad de una nación y, por consiguiente, la más fuerte garantía de su persistencia y albedrío. Cuba no podría nunca ser un pueblo grande —un gran pueblo— por su riqueza material, que a las veces es contraproducente y llega a constituir un motivo de sumisión propia, o de ajena codicia. Cuba solo podrá ser grande algún día, como lo es Bélgica, como lo es Suiza, porque se haya convertido en un centro de rica producción intelectual. En la más abierta sociedad, ningún individuo goza de tanto respeto y prestigio como el hombre sabio; así también, a ningún pueblo le protege tanto la conciencia internacional como a aquel que ha sabido hacer de sí mismo un foco indispensable de superior cultura.

Que nosotros tenemos condiciones múltiples para tal conquista, nadie se atrevería a negarlo. Aquellas, que, como el clima, como las solicitaciones y contagios materialistas a que nuestra situación geográfica nos expone, parecen fatalmente insuperables, no lo fueron en el pasado, ni lo serán en el porvenir si sabemos los cubanos contrarrestarlas con la claridad de nuestras inteligencias tenazmente dispuestas y noblemente organizadas. Estamos, no en un momento de agonía, sino de crisis. Crisis significa cambio. Acaso ya esta juventud novísima de hoy traiga en el espíritu la vislumbre de un resurgimiento. Mas no le confiemos al azar. Si como yo anhelo y espero, nos unimos todos en una cruzada de laboriosidad, de amor y de creación de estímulos —cruzada que bien pudiera ser esta venerable «abuelita blanca» la más llamada a inspirar y a dirigir— nuestra tierra llegará a integrar —subrayemos la palabra: a integrar—, una verdadera Patria en la más espiritual y fecunda acepción del socorrido vocablo.

Así sea, señores, y muchas gracias por vuestra atención.

Apéndice

Dos artículos complementarios publicados por el autor en el *Diario de la Marina* (edición de la tarde) los días 23 y 24 de junio respectivamente.[2]

Glosas

Algunos remedios a la crisis de la cultura

I

Se ha reprochado a quien esto escribe que, en una conferencia reciente y a punto de impresión sobre «La crisis de la alta cultura en Cuba», luego de esbozar las manifestaciones y causas más notorias de ese deplorable fenómeno, no sugiriese cuáles pudieran ser sus remedios, ni en qué precisos sentidos convendría enderezar el vago anhelo de reacción que en algunos sectores se insinúa.

El vacío tuvo su obligada pertinencia ante auditorios ya fatigados de una exposición tan larga como generosa en halagos, ya fuese de intención o de forma. Ni podía llenársele con una síntesis fugaz. Porque, o se apuntan los remedios de una manera pormenorizada y concreta, o se deja —como yo opté por hacer— que la relación de los males y de las causas sugiera en cada caso las posibilidades de rectificación. A la postre, un remedio no es sino una causa vuelta del revés.

Vista, sin embargo, la insistencia del reparo, y no deseando que se tome como penuria lo que solo fue economía, me resuelvo a apuntar siquiera sea un intento de programa o esquema que, susceptible de desarrollo en alguna futura ocasión, sirva ahora de complemento a aquella conferencia.

No reclamo para este «plan curativo» ningún mérito de personal perspicacia, como no lo reclamé para la disertación aludida. Creo que aquellos males y estos remedios saltan a la vista: son modalidades y posibilidades que están en cierto plano de nuestro ambiente, en las más preocupadas conciencias, en los más atentos criterios, y apenas hay más que una demostración de

---

2   De 1925. (N. del E.)

coraje en proclamar la congoja que todos sentíamos y, sin embargo, todos silenciábamos.

Si los tres elementos que integran un estado nacional de alta cultura son, como decíamos, una multitud suficiente de aportes individuales a las superiores disciplinas, una fraterna orientación común entre esos esfuerzos, y una conciencia popular que los reconoce y estimula, es evidente que los remedios a un estado de crisis de la cultura serán aquellos que multipliquen los aportes, que los orienten y que los prestigien en la opinión ambiente.

La multiplicación de los esfuerzos individuales es, a su vez, una labor primero de capacitación —o sea de enseñanza— y luego, de creación de estímulos. Los obstáculos naturales que dificultan una rica producción intelectual en nuestro país, tales la idiosincrasia y el clima, nadie los reputará insuperables. La voluntad lo vence todo, se dice sin demasiada hipérbole. Pero es necesario educar la voluntad, capacitarla, descubrirle tentadoras perspectivas, insinuarle el gozo del noble saber y del ponderado meditar. Por eso la base de nuestras posibilidades culturales está en la reforma de la enseñanza.

De la enseñanza en todos sus grados; pero de la secundaria y la superior sobre todo. En los Institutos, donde apunta la vocación, en la Universidad, donde se afirma y adoctrina, se hace menester realizar de una vez esa profunda reforma que tanto se anhela y tanto se demora. El cambio ha de afectar desde el «curriculum» hasta el ambiente, pasando por los métodos y por los maestros. Conviene que el menu intelectual que se ofrece al apetito de las jóvenes inteligencias sea lo más variado y suculento que darse pueda. Que haya, no cien cursos, sino mil; y que cada curso sea una tentación por las amenas perspectivas que ostensiblemente ofrezca. Cursos generales; pero también de los que aíslan y desentrañan el portento de alguna gran peripecia intelectual —la vida del Dante o la estructura de los átomos.

Nada tan poco invitador ni tan franco a la rutina como la imposición de un programa uniforme para todos, desatento a las modalidades individuales. Dénsele Humanidades a quien las quiera; impóngansele, a quien por la índole de su disciplina elegida, las haya menester. Mas no se obligue a estudiar latines a quien solo le atraen las especulaciones de nuestro tiempo. Preciosa es siempre la base de los clásicos; pero en ocasiones ocupa energías y tiempo que fuera mejor destinar a más directas disciplinas. El sistema de «concentración» y «distribución» combinadas, tan prestigiado por la experiencia de universidades extranjeras, me parece excelente para la nuestra, al igual que los cursos obligatorios y elementales de composición escrita, que adiestrarían en la sintaxis del idioma a los abogados del futuro...

La enseñanza ha de ser, sobre todo, vital, animada, plena de sentido humano, de simpático interés; con menos rutinario dogmatismo y más amena inquietud.

Estas condiciones abstractas dependen, claro está, en gran medida, de los hombres encargados de enseñar. No puede exigírseles el don evangélico —esa fibra generosa del buen maestro— que solo la Naturaleza confiere; pero sí puede exigirse amplia competencia, ostensible laboriosidad, propicia actitud. Habría de hacerse de las oposiciones a cátedras algo más riguroso y libre de externas influencias, sin que el título derivado de las mismas fuese vitalicio, como lo es ahora, sino sujeto a nueva oposición cada seis u ocho años, de suerte que el catedrático no pudiera dormirse sobre sus laureles cuando otras aptitudes mejores le retan desde fuera. Y se obligaría a cada catedrático a escribir el texto de su propia asignatura, para usarlo colateralmente con los textos extranjeros.

Corregidos así el «curriculum», los métodos y los maestros, el ambiente mejoraría ya mucho bajo la triple influencia. Con alguna atención especial a los deportes, a las sociedades universitarias, a las virtudes estudiantiles, y con un aumento de ceremoniosidad en la investidura de los títulos y en el general aparato, se iría formando ese sentimiento de amoroso orgullo, de blasonada y blasonadora devoción a la universidad, que es la substancia del Alma Mater. ¿Y por qué no, a más de todo lo expuesto, una mayor oferta de premios y de becas; un sistema de intercambio con los claustros norteamericanos y europeos; un periódico universitario cuotidiano; una activa sociedad de antiguos alumnos y, sobre todo, la Asamblea mixta y la autonomía?

Vastas son las posibilidades para pretender encerrarlas en los límites de un artículo. Quizás la síntesis más expresiva de las necesidades que, no solo la Universidad, sino también los Institutos experimentan, pudiera formularse así: «Entusiasmo, Libertad, Dinero». Porque lo demás todo se nos daría por añadidura.

II

Pero no se conseguirá máximo provecho para la cultura con solo fomentar el adoctrinamiento adecuado de las vocaciones. Es menester, además, crear luego una serie de estímulos que hagan deseable el esfuerzo, que lo honren y remuneren hasta vencer las sugestiones utilitarias del ambiente. Y si la reforma de la enseñanza es, fundamentalmente, una labor de incumbencia legislativa y académica, la oferta de estímulos debiera engendrarse de una cooperación entusiasta y sostenida entre las iniciativas privadas y las iniciativas oficiales.

Últimamente se ha hablado de premios a la agricultura. ¿Por qué no también —casi estuve por decir «antes»— a la cultura? ¿No hemos de concebir el esfuerzo estimulador sino cuanto a los dones naturales, sobre las dedicaciones consabidas? ¿No será hora ya de que disipemos esta «conmovedora resignación agrícola» que tenemos como pueblo, y que paremos mientes en otras manifestaciones posibles de la energía colectiva: en la industria y en la cultura, por ejemplos? ¿Cuándo convendremos en que el prestigio personal depende más, a la larga, de los ingenios intelectuales que de los azucareros?

Premios a la cultura, sí. Premios cuantiosos, substanciales, verdaderamente remunerativos; no limosnas académicas. Premios, todos los años, al mejor estudio filosófico, al mejor ensayo científico, al más bello libro de poesías, a la más enjundiosa y ponderada novela. Premios en que no intervengan las estimaciones prehechas ni las posibilidades de favoritismo o de endose ni los criterios yermos o consagrados oficialmente en las *boutonniôres*. Premios discernidos por jurados que estén lo menos en tela de juicio posible: señores que puedan fallar sobre literatura porque son literatos, o sobre química porque tengan los pulgares quemados de los nobles ácidos.

Y no solo el Estado, que dará el generoso ejemplo. Las corporaciones, los particulares también. La Prensa, al mejor artículo del año, como se hace en Madrid (Premio «Mariano de Cavia») y en los Estados Unidos (Premio «Pulitzer»). Ustedes, señores Veloso, Abela, Valentín García, López González, de la Fuente et al. —ustedes los prósperos libreros— por amor a la cultura del país en que medran, y hasta por negocio, debieran ofrecer todos los años, separada o cooperativamente, un premio a la mejor obra literaria, como hacen sus colegas de París y de Munich... Y también vosotros —los señores «pudientes» que arrastráis Cadillac y os plañís de nuestra barbarie— vosotros también debiérais abrir la faltriquera una vez al año en esta cuestación general por el bien de nuestra cultura.

Por lo pronto, ¿a quién sino al Estado incumbe resolver con inteligente generosidad el problema del buen libro que no se vende? Todos los años se publica alguna obra tal, hecha con amor y con rigor, pero destinada a la patética decepción de los escaparates abrumados de salacidad y de los depósitos de librería llenos de telarañas. Una Comisión oficial bien selecta debiera comprar esas ediciones frustradas por la indiferencia beocia del público, que recela de todo «Made in Cuba» literario. Y esos libros adquiridos, se repartirían por todas las escuelas, se obsequiarían —como acaba de hacer muy plausiblemente la Secretaría de Estado— por todas las bibliotecas amigas del extranjero. ¿Sabríais de mejores diplomáticos para nuestro prestigio?

El Estado pudiera y debiera también «utilizar» los servicios del productor intelectual. Utilizarlos por medio de la comisión, del encargo específico y expreso. No solo en la diplomacia, como fue (ya casi no lo es) uso y costumbre; sino en múltiples actuaciones y faenas de divulgación y de investigación que el interés nacional reclama; por ejemplos: la Historia patria, la elucidación de archivos ilustres, la edición de nuestros clásicos olvidados, la traducción de obras extranjeras que tratan de Cuba.

Las diversas Academias —constreñidas hoy, por su precaria dotación, a una conducta grave y vegetal—, los Colegios profesionales, la Asociación de la Prensa —las numerosas e inermes sociedades interesadas en la cultura—, todos, todos debían llevar su aporte de generosidad, de lirismo substancioso, de fiscal vigilancia, de tónico ardimiento, a esta cruzada nacional por la Inteligencia. Los periódicos debieran proteger y alentar la buena crítica: la crítica independiente, autorizada y sincera, con guante blanco, miras edificantes y... buen sueldo, que también contribuiría a la multiplicación de los aportes individuales.

Pero como todavía, para que exista un genuino estado de alta cultura, es menester que esos aportes tengan cierta común orientación y un aura popular que los halague, a los mismos «intelectuales» tocaría procurarse esas dos condiciones propicias. Y esto, ¿cómo si no por la unión y por la prédica? Se habla mucho en corrillos —pero nada más que en corrillos— de «nuestro estancamiento». *Sotto voce* y *grosso modo* se traman simpatías y antipatías; pero al par que cavamos trincheras pugnaces para dividirnos, se entona la loa teórica del «fascio» que nos haría invencibles. El ingenio no se juzga ingenioso como no sea a costa del cofrade. Cede la sutileza al vituperio y, aunque no tenemos la altiva intelectualidad de Madrid, puede creer el señor Salaverría que, en lo de ser discordes y cáusticos entre nosotros, no les vamos en zaga a las peñas de la calle de Alcalá.

Pues bien: si ha de hacerse algo, será sustituyendo con el espíritu de solidaridad el de diatriba. No creo que sea de veras incompatible la verdad crítica con la unión. El intelectual que se pique definitivamente con un juicio adverso al punto de acibarar su antigua simpatía, no tiene de «intelectual» sino el ribete, pues aún estará por florecer en él la devoción esencial de todo espíritu culto, que es el amor a la Verdad y, en todo caso, al respeto de la civil opinión ajena. Únanse, pues, los trabajadores del espíritu. Lleven a su clase el espíritu de gremio —y aun diré los métodos— que han dado su fuerza enorme en nuestro tiempo a los trabajadores manuales. Y tomen por lema: «El interés de uno es el interés de todos: Cuba primero».

La conciencia popular favorable ya se formará, como por añadidura, tras esa unión de voluntades en una tenaz militancia. Sin temor a que parezca pedantería, esgrímanse todas las influencias posibles sobre la vasta masa para hacer que se percate del esfuerzo intelectual, y que lo aprecie. Hagamos labor de prensa, cursos, ediciones populares. Y no nos importe la incomprensión tocada de envidia, que mira como un alarde el nombre de «intelectual», sin querer entender que solo se trata de una cómoda designación genérica. Esta cruzada bien vale algunas salpicaduras.

Libros a la carta

A la carta es un servicio especializado para

empresas,

librerías,

bibliotecas,

editoriales

y centros de enseñanza;

y permite confeccionar libros que, por su formato y concepción, sirven a los propósitos más específicos de estas instituciones.

Las empresas nos encargan ediciones personalizadas para marketing editorial o para regalos institucionales. Y los interesados solicitan, a título personal, ediciones antiguas, o no disponibles en el mercado; y las acompañan con notas y comentarios críticos.

Las ediciones tienen como apoyo un libro de estilo con todo tipo de referencias sobre los criterios de tratamiento tipográfico aplicados a nuestros libros que puede ser consultado en Linkgua-ediciones.com .

Linkgua edita por encargo diferentes versiones de una misma obra con distintos tratamientos ortotipográficos (actualizaciones de carácter divulgativo de un clásico, o versiones estrictamente fieles a la edición original de referencia).

Este servicio de ediciones a la carta le permitirá, si usted se dedica a la enseñanza, tener una forma de hacer pública su interpretación de un texto y, sobre una versión digitalizada «base», usted podrá introducir interpretaciones del texto fuente. Es un tópico que los profesores denuncien en clase los desmanes de una edición, o vayan comentando errores de interpretación de un texto y esta es una solución útil a esa necesidad del mundo académico.

Asimismo publicamos de manera sistemática, en un mismo catálogo, tesis doctorales y actas de congresos académicos, que son distribuidas a través de nuestra Web.

El servicio de «libros a la carta» funciona de dos formas.

1. Tenemos un fondo de libros digitalizados que usted puede personalizar en tiradas de al menos cinco ejemplares. Estas personalizaciones pueden ser de todo tipo: añadir notas de clase para uso de un grupo de estudiantes,

introducir logos corporativos para uso con fines de marketing empresarial, etc. etc.

2. Buscamos libros descatalogados de otras editoriales y los reeditamos en tiradas cortas a petición de un cliente.